Celosía

3

Pluma
Maestra

Mariano Arranz García

CELOSÍA

aache
ediciones

Guadalajara
2024

Primera edición: abril, 2024

© de los textos, Mariano Arranz García.
© de las ilustraciones, **Inma de Diego de Isidro:** Portada/contraportada, Infancia, Juventud y Madurez.
J. Félix Sánchez Baranda: Naturaleza y vida, Mi pueblo, El río, Paseo por el Henares, La loma, Mi barco, Toro. **Marina Sánchez Parra:** Un poco de humor.

Producción, maquetación y edición electrónica:
AACHE Ediciones
C/ Malvarrosa, 2
Telef. 949 220 438
Internet: www.aache.com
E-mail: editorial@aache.com
19005 – GUADALAJARA (España)

Impresión:
PodiPrint
C/ Cuevas de Viera, 2
29200 – Antequera (Málaga)

Impreso en España / Printed in Spain.

ISBN: 978-84-19813-26-8
Depósito Legal: GU-052/2024

ÍNDICE

INTRODUCCIÓN

"Gerásko aeí didaskómenos". Eso dijo Solón hace más de 2500 años en Atenas. Que envejecía, sí, pero aprendiendo siempre muchas cosas. Lo mismo le viene ocurriendo de un tiempo a esta parte a mi padre Mariano Arranz García (Sanchonuño, Segovia, 1959).

Dedicado en la actualidad a la mejor de las profesiones –jubilado-, se vino desde su pueblo de Segovia a estas tierras hace ya muchos años, allá por los 60, cuando comenzó la explosión de la industria en la Campiña.

No obstante, fue claro testigo del cambio, a veces sañudo, de un pueblo de campesinos y labradores, como era la Azuqueca de entonces, a una pequeña ciudad en potencia, donde poco a poco los vecinos dejaron de ir conociéndose.

Pero eso no fue óbice para que él, como otros y otras de su quinta, buscase la manera de desempeñarse en mil oficios hasta que vio claro que lo suyo era la enseñanza, previo paso, eso sí, por el seminario de Sigüenza, donde residió parte de su juventud. Allí aprendió rudimentos de latín y griego (¿seré yo profesor de estas lenguas por casualidad?) de disciplina y de buena praxis, pero menos mal que acabó yéndose, pues si no, yo no estaría aquí escribiendo estas líneas…

Trabajando como maestro de música de forma interina por varios colegios públicos de Guadalajara, se quedó al final muchos años, ya como maestro de todas todas, en el vecino pueblo madrileño de Camarma.

Allí le tocó ser secretario, y entre tanta burocracia se gustó en la docencia enseñando Matemáticas, aparcando la música para su tiempo libre (¿será su otro hijo, Saúl, guitarrista por casualidad?).

Ya en la actualidad ha retomado su actividad poética, participando en la asociación de docentes jubilados "El Recreo" y en el festival mensual de recitado de poesía "Guadalágora", que planea extenderse a otros lugares, como su lugar de residencia de toda la vida, Azuqueca de Henares.

Este libro de poemas mezcla muchos episodios de lo que ha vivido, fruto de numerosas experiencias habidas y por haber.

Comienza por una serie de poemas intimistas a sus hijos, nietos y esposa; prosigue con recuerdos de juventud y de lo rural, casi ya ausente en nuestros días, y también de sensaciones, de lo emocional de la adolescencia, pero de lo triste también; acaba esta tríada de la vida con los poemas de madurez, en los que se ciñe a versos y estructuras más tradicionales sin ser por ello menos original y emotivo.

Como colofón encontraréis una serie de poemas jocosos, porque, como él dice, "¿no es hermosa la risa y la alegría, no es necesaria incluso? ¡Pues riamos sin ángulos obtusos!"

Ismael Arranz Parra.

Filólogo y profesor de Secundaria y Bachillerato

SERENIDAD

Me ofrece el autor de este libro, mi amigo Mariano Arranz, que le escriba unas líneas en la frente de su obra, allí donde empieza el paginar de sus poemas cadenciosos, sonoros y rientes. Le agradezco el ofrecimiento, y cumplo con el requisito encantado. Porque me ha proporcionado un pequeño placer, uno de esos que ayudan a componer el día y serenar la noche: me ha dejado leer, antes que a nadie, sus composiciones meticulosas, tiernas y bien medidas.

Y me he encontrado con unos poemas breves, amables y silenciosos, que hablan de su vida diaria, de sus emociones, de sus hijos y nietos, de sus paseos, de sus descubrimientos, de la luz y las sombras, de los recuerdos y las nostalgias. Parece que su empeño es salvar los momentos de la vida que suelen pasar inadvertidos, por el imperativo de la prisa o la rutina, pero que contienen una carga enorme de emoción significativa, que nos enriquece y nos alimenta, que nos afecta y hace crecer aunque no nos demos cuenta.

En todos estos poemas, Mariano Arranz utiliza un vocabulario natural y cotidiano, describe unas escenas que se acunan en la relajada soltura de los días, y a veces nos ofrece una conclusión meditada, una moraleja articulada en el lenguaje exacto de los poemas que quieren despertar emociones, aun viajando por el camino sencillo de la descripción somera. Es el sentido de lo familiar, de lo que antes nos ha pasado a nosotros, y no hemos sabido definirlo, lo que engancha en estos versos de Mariano Arranz, haciéndolos hermanos, nuestros, y metiéndolos con una sonrisa en nuestra propia biografía.

Esa capacidad de pararse –ahora jubilado de su tarea docente– a mirar el mundo que le rodea, y tomar de él los apuntes de lo que brilla, de lo que tiene latido propio, de lo que nos da aliento, es lo que pone al poeta en pie y le empuja a tomar la pluma, o el teclado, y sacarle brillo a la realidad inmediata, con palabras medidas, con sentimientos acordados. Es, en definitiva, un ejercicio de humanidad con intención de salvarse. Se ve de lejos: la emoción de ver a su hijo dar los primeros pasos, hablar de la fuente de su pueblo, avistar un petirrojo cerca, echarse a un camino nuevo por vez primera…

En definitiva, y valga esta frase como abrazo y aplauso, lo que Mariano Arranz nos ofrece, tras esta celosía, es una bandeja de serenidad, un anteojo para mirar el mundo con la bondad y el buen sentido que él tiene, y que derrocha y aplica en este libro con total gallardía.

Antonio Herrera Casado
Cronista Provincial de Guadalajara

NOTA DEL AUTOR

Dicen que, ante un libro, un buen lector siempre siente sana envidia de quien lo ha escrito. Quizá por eso, cuando de joven empecé a disfrutar de Machado, Bécquer, Lorca, Miguel Hernández, Neruda… y tantos otros maestros del verso siempre escribía al margen de los poemas que me marcaban unos pequeños versos propios. Una manera como otra cualquiera de destrozar un libro, lo reconozco, pero a mí me entusiasmaba hacerlo.

Recuerdo haber escrito mis primeros poemas cuando tenía diez años y estaba estudiando interno en el Seminario de Guadalajara. Es una afición que nunca abandoné del todo, pese a que siempre lo hice de una manera intimista y sin ninguna intención de hacerlo público.

Después la vida nos llevó por otros derroteros y la musa se quedó apartada para ocasiones especiales. Pero no por ello dejó de proporcionarme noches de insomnio traducidas a verso con lápiz y papel.

Y ahora que disfruto del tiempo jubilar he vuelto a retomar mis viejas aficiones. El verso está entre ellas. Rompo mi pudorosa intimidad y aquí os dejo una pequeña muestra en formato de antología que abarca diferentes etapas y situaciones de la vida, de mi vida, traducidas a ritmo y rima y en las que encontraréis amor, dolor, ternura, humor, lugares y esperanzas, naturaleza, vida, reflexiones…

Sólo espero que estas pinceladas sean comprensibles y emotivas para quien tenga a bien mirarlas.

Vaya por delante mi agradecimiento y admiración a todas las personas que son capaces de disfrutar un verso.

Mariano Arranz García
Maestro jubilado

CELOSÍA

La celosía del tiempo nos permite
mirar las cosas bellas, los momentos
que pasan como un video acelerado,
los recuerdos dormidos,
la añoranza de un beso no buscado,
la muerte de un amigo de la infancia,
la intransigencia, la desesperanza,
la flor que se marchita entre los ruidos
del alba de diciembre,
la gente que nos mira y no nos ve
-la celosía nos tapa-.

La celosía del tiempo que nos salva
de las extravagancias de la vida
también nos aprisiona en su relato
de cuadros biselados y pretende
que no hable nuestra voz,
que callen nuestras manos,
que nuestros pies descansen
con argollas de miedo.

¡Me rebelo!
Rompo mi celosía y os entrego
mi tiempo en un papel, en un poema,
en el sentido verso que aquí os traigo.

INFANCIA

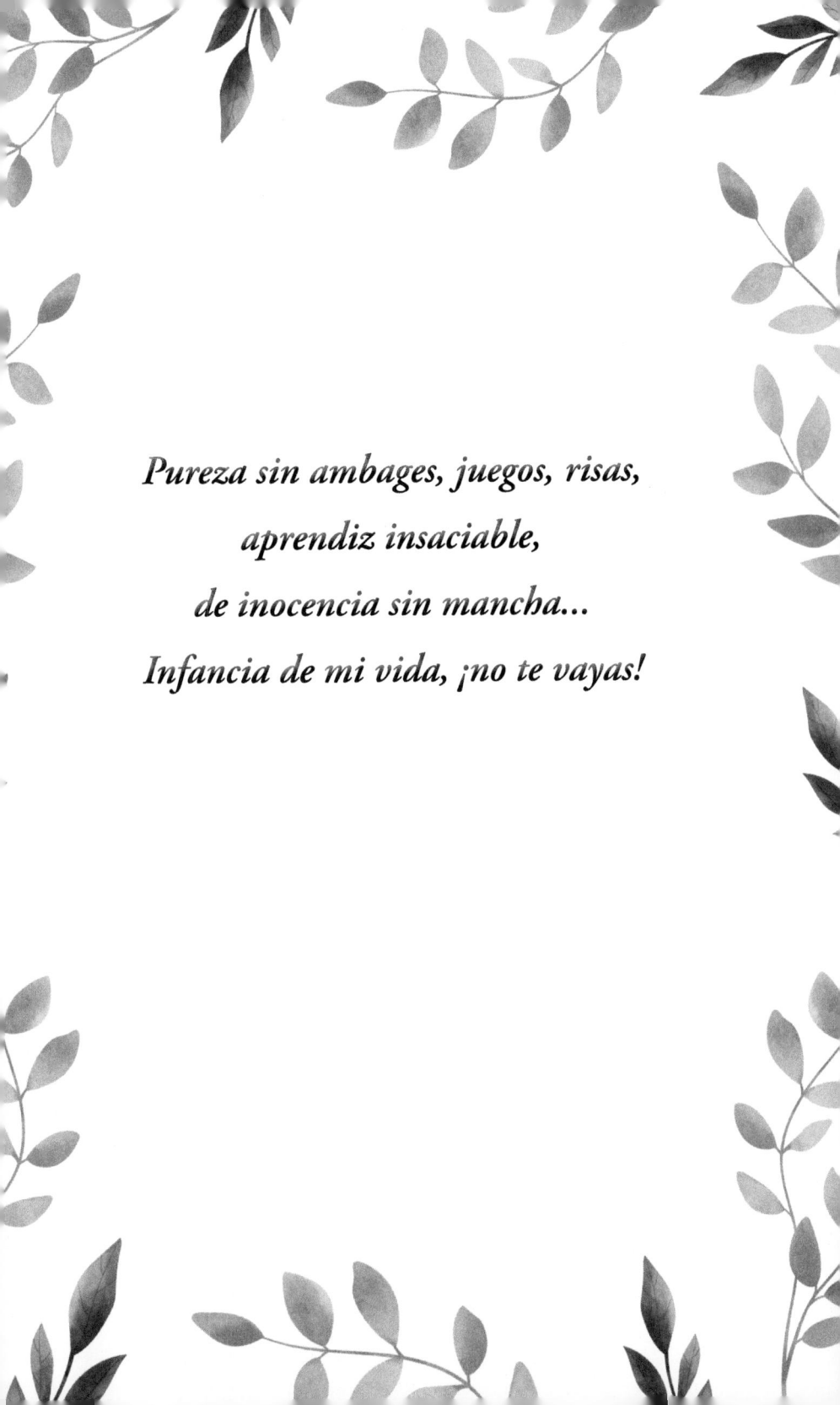

Pureza sin ambages, juegos, risas,

aprendiz insaciable,

de inocencia sin mancha...

Infancia de mi vida, ¡no te vayas!

Mi niño chico

(A mi hijo Saúl)

Ya está mi niño chico
aventurando sus primeros pasos
despacio, despacito.
Silabeando con sus pies menudos
-vestidos de charol y terciopelo-
la alfombra del salón,
trotea con pasitos de jilguero
de la mesa al sillón,
del sillón a la puerta
y de la puerta... ¡al suelo!

¡Aúpa, aúpa, aúpa! Se levanta
y busca con tesón el brazo grande
que le acerca mamá.
Sonríe, patalea con premura
y emprende, una vez más,
solito, tieso,
la mágica aventura:
despacio, despacito,
de la mesa al sillón,
-como un jilguero-
del sillón a la puerta
y de la puerta... ¡al suelo!

Los cuentos

(A mi hijo Ismael)

Hoy le han dicho a mi niño
que no existen los cuentos,
que las hadas y duendes
no son de verdad.
En silencio, muy serio,
se ha escondido
mi niño en el baño
por que no le viera
su madre llorar.
Luego, tenso, sereno,
sin pena,
con los ojos rosados
y mejillas rociadas de azahar,
sonriendo,
canturrea mi niño a su osito:
"no hagas caso,
mi amigo blandito.
Si no existen los cuentos,
yo los voy a inventar".

El país de los unos

(para enseñarte a contar)

En el país de los unos
el **uno** daba un paseo.
Se encontró con otro uno
y se hicieron compañeros.
Y, ¿sabéis lo que pasó?
¡Se convirtieron en dos!

El **dos** siguió caminando
y vio a otro uno vagando.
Lo llamó y le dijo: ¡eh!,
¿vienes conmigo también?
Y el dos se convirtió en tres.

Tres siguió con su camino
por ver si encontraba amigos.
Cuando hubo pasado un rato
a otro uno descubrió
mirándose en un retrato.
¿Te unes al grupo? ¡Bien, bien!
Y nació el número cuatro.

Cuatro marcha muy contento
dando saltitos y brincos.
Se hizo amigo de otro uno
y así formaron el cinco.

Y del **cinco**, ya sabéis,
que si le añadimos uno
se nos convierte en un seis.

Seis es fuerte y regordete
y piensa: ¡qué solo estoy!,
mas si con uno me voy
no seré seis, sino siete.

Siete se aburre paseando
y está todo el día pensando:
soy delgado y algo pocho.
¡Me casaré con el uno
y así seremos el ocho!

El **ocho** es como un muñeco
con dos bolitas de nieve.
De nariz le pongo el uno
y así se convierte en nueve.

Dice el **nueve**: ¡qué mareo
de paseo, ya está bien!
Y le vino a ver el uno
para convertirlo en **diez**.

Mi nieto

(A mi nieto Gael)

Tengo un nieto pequeño
que es un encanto.
Ha cumplido dos años.
¡Cuánto lo quiero!

Cuando viene a mi casa,
entra y le llamo;
él sonríe, me busca
y me da un abrazo.

Acurruca en mi hombro
su mimo tierno.
Se me engrandece el alma.
Lo cubro a besos.

¡Ay mi niño precioso!
¿No he de quererlo?
¡Si en su carita hermosa
brillan luceros
cuando sus negros ojos
me miran!

Luego…,
con su medio lenguaje
y risa preciosa,
me pregunta si juego…
¡Claro que juego!

Y busca presuroso
en su arcón de paja
su cochecito rojo,
porque le encanta
que acabe su carrera
tras la butaca,
y lo sigue y lo encuentra
y ríe jocoso.
Me lo enseña nervioso,
viene y me abraza.

¡Ay mi niño precioso!
¿No he de quererlo?
¡Si en su sonrisa hermosa
brillan luceros
cuando juega conmigo!
¿No he de quererlo?

Viene mi nieto

(A Giannis, que será mi segundo nieto)

Aún no has llegado, cielo,
y ya te echo de menos
cada día.
Aún no has nacido
y ya anhelo tenerte
entre mis brazos
y darte un beso tierno
en tu blanda mejilla
sonrosada.

No tengas miedo niño,
mi nieto amado.
Ya falta poco tiempo
para cruzar tu túnel
uterino.

Alégrate, pequeño,
porque el final será maravilloso
y te traerá a un lugar repleto
de luz y de colores,
fantástico y precioso.

Será tu paraíso.
Todos te esperaremos
con los brazos abiertos
al abrazo
y los ojos atentos
a tu sonrisa mágica.

Será un feliz comienzo
de un viaje largo
y tan extraordinario…,
lleno de amor, de retos,
de esperanzas,
de sentimientos,
besos y ternura,
de juegos misteriosos,
de cuentos, de canciones,
de placenteras risas
y de mimos.

¡Vas a llegar a un mundo…
tan hermoso!

Lo hemos llamado vida.
Aún no has nacido Giannis…
¡y yo te echo de menos!

Tu "abu" te espera ansioso
y anhela tu llegada con un verso.

Su primer gateo

Hoy es día importante,
seis de febrero,
mi Giannis ha empezado
con su gateo.
Y yo lo miro.
¡Qué feliz es mi niño!.
¡Cómo lo quiero!.
Con manos y rodillas
busca el sendero
y ha llegado al armario
de sus muñecos.

Sube y se asoma
y los tira en el suelo.
Risas y bromas.
Manos de mantequilla,
piececitos de rosa,
miel por sonrisa,
descubre así mi niño
su mundo entero
porque ya avanza solo
bajo las sillas.
Seis de febrero.
Mi bebé se hace niño
con su gateo.

La abuelita

— ¿Dónde está la abuelita
que no la veo?

— ¡Ay, mi niño querido,
ya está en el cielo!
Y te mima y te cuida
desde un lucero.

— Pues yo miro hacia arriba
y sigo sin verla.
¿Se habrá escondido, madre,
tras una estrella?

— Sí, será eso.
Si la estrella titila
te manda un beso.

Ha muerto un niño

¡Te has llevado a tu lado,
sin recato,
la cándida niñez
de un ser tan puro…!
¿No ves que aún no vivió
lo suficiente
para sentir la música
del viento,
que, para amar, soñar
o equivocarse
aún no ha tenido tiempo?
¿Por qué nos has privado
de su encanto?,
¿con qué excusas los fines
de este duelo?
¿Acaso no tenías,
Dios ingrato,
bastantes querubines
en tu cielo?

ANEXO: UNA PROMESA

Mi sobrina-nieta Adriana Briz Sánchez, con sus 9 años, ya escribe poesía.

Cuando se enteró de que iba a publicar un poemario se puso muy contenta, me enseñó sus poemas y me preguntó si podría incluirlos en mi libro.

¡Claro que se lo prometí! Éstas son algunas…

El cambio

El sol es la tierra y la tierra es el sol.
Les cambio los nombres
para reírme un montón.

Mi Lolo músico

Mi gran músico, llamado Lolo,
el que toca el bombo.
Su banda toca en Azuqueca
con pantalón, corbata y chaqueta
y sombrero en la cabeza.
Y con gracia y elegancia
tocan para la alcaldesa.

Qué risa...

La polilla y la mariquita
pasean por allí.
Escuchan una conversación
y se echan a reír.

Mis mascotas

Tengo un perro chiquitito
que me saluda con el hocico.
Y tengo un gatito lindo
que me tira el jarroncito.
Mi perro y mi gatito
juegan juntos un ratito.

El gorro

Me lo pongo y me lo quito.
Igual, pero más bonito.

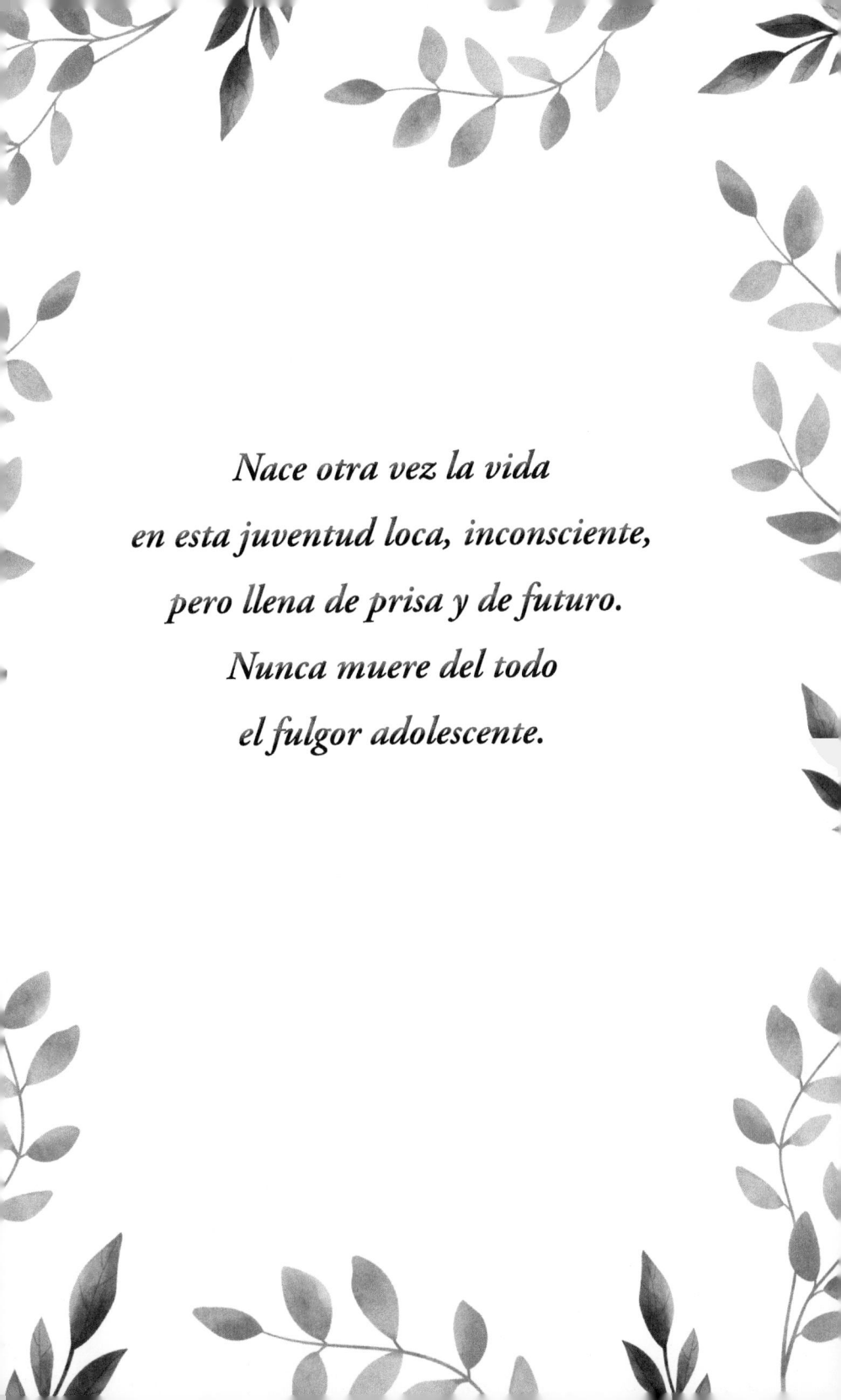

Nace otra vez la vida
en esta juventud loca, inconsciente,
pero llena de prisa y de futuro.
Nunca muere del todo
el fulgor adolescente.

Amor adolescente

Aún siento tu mirada
como un eco lejano
de ilusiones perdidas.
Lloran mis ojos tristes
porque saben
que aún mece tus cabellos
el viejo viento añejo.
Aún te escucho en suave
susurro de melancolía.
¡Hace ya tanto tiempo...!
Pero no importa,
sabes que no.
Te lo susurra el viento
cada día
(se lo he pedido yo).
Tu corazón ausente
de memoria sin luz
ni sentimiento
presiente y adivina
que siempre serás tú
mi amor adolescente.

Amada mía

(A Pilar)

Dicen que el tiempo apaga
la llama del amor,
que las ventanas
del corazón
se cierran día a día.
Dicen que, paso a paso,
etéreo, el convivir
se hace agonía
y el peso del fracaso
desquebraja el candor.

¡Amada mía! ¡No!
Desprecio la falacia
que afirma esta ridícula razón.
Y te aseguro
que cada hora que pasa
se agranda en mí tu amor,
se hace más puro
y aumenta la alegría de mi alma.

Fueron testigos

Fueron nuestros testigos
mi voz y tu mirada.
Y fueron ellos mismos
los que despedazaron
en labios de chatarra
nuestros primeros besos.
Fueron testigos
mi llanto y tu algarada.
Y ellos mismos supieron
lo que tú nunca quisiste suponer.
Hoy borro y desenredo
mil laberintos de caminos ciegos
en una tierna madrugada
de amargo olvido.
Porque mi mano es tuya.
Y es tuya mi mirada.
Y son tuyos mis labios también.
¿No me adivinas siempre
cuando sueñas en aire
y te pierdes en la senda
de la melancolía?
Lo sé, lo sé, lo sé.
Yo siempre lo he sabido.

Un amor

Un amor es un sueño
de primavera
que brota inconsciente
del rocío de abril.
Un amor es un beso de miel
libado por una blanca abeja
adolescente.

Amar es el deseo de apropiarse
de una hermosura ajena
para guardarla fresca
en el primer sentir.

Y ahora hazme caso:
si alguna vez lo ves
no te despiertes.

¡Es tan fugaz
dormitar un instante
en su regazo!

Nuestra canción

¿No era nuestra canción
romántica ni alegre
o armoniosa?

¿No era nuestra ilusión
un dulce canto
que hablaba de amistad
-junto a una rosa-,
de un baúl de cristal
con terciopelo,
de algún triste poeta
pasajero
con ansia de verdad?

¿No era nuestra canción
maravillosa, sublime
ni fantástica?

¿O es que no llegó nunca
a ser canción?

Picolíssima serenata

(canción)

Una noche clara, de luna plateada,
bajo su balcón la vengo a rondar.

Tras de la cortina, furtiva, encantada,
oye mi tonada y disfruta ya
esta "piccolíssima" serenata,
un canto de amor con mucho sentir
para que contenta quede mi amada
y me envíe un beso color carmesí.

¡Y me envíe un beso color carmesí!

Desde la ventana, vitrina jaspeada,
me lanza una flor blanca de azahar.
Con una sonrisa sonroja su cara
con esta tonada y disfruta ya
esta "piccolíssima" serenata,
un canto de amor con mucho sentir
para que contenta quede mi amada
y me envíe un beso color carmesí.

¡Y me envíe un beso color carmesí!

Muerte prematura

En este día frío
vuelan mis ojos
perdidos en la niebla
y te buscan, dormida,
en un copo de nieve.
En este día frío
tu dulce aliento
se arruga en mis manos
sedientas de ti.
Este angustiado día
vuelve incolora
la suave tez de tu figura
yerta prematura
y evapora impasible
tu beso de abril.
Luego tu rostro se hace
volátil, como un perfume
abierto a media noche,
malherido.
Sigue la niebla, el frío…
(¡el frío impertinente!).
¿Por qué?, mi amor, ¿por qué?
¿Por qué te hiciste
tierra tan temprano,
tan prematuramente…?
¡Di!, ¿por qué?

Ven

Tengo frío,
ven a visitarme
con tu abrazo de amor
caliente y tierno.
Superaremos juntos
el invierno
sin que nos vea nadie,
nadie, nadie….

Tengo miedo,
cúbreme con tus besos
redentores
y calma con tu aliento
mis temores
a otra noche sin ti
bajo la lluvia.

Ven a verme,
mi amor, musa baldía,
que mi verso entristece
con tu ausencia.
No te demores más.
Sin tu presencia
las lágrimas
me enturbian la mirada
y mi alma muere
de melancolía.

La isla

Quiero subir
a lomo de gaviota
para volar sin prisa
en mar abierto.
Le pediré, sumiso,
al libre viento
que busque tu perfume
entre las olas
y me lleve a la isla
de tus sueños.
Te buscaré refugio
en la marea,
te construiré en la arena
hogar seguro
y esconderé tu amor
en las palmeras
a salvo de las brisas
y los miedos.
Cuando llegue la noche,
en primavera,
y las estrellas cubran
nuestro lecho,
esperaré a que tú
también lo quieras
y no lo dudaré:
te daré un beso.

Ríete

Ríete de mi ser,
pero no ocultes
que cuando duermes
sueñas con tener
cerca de ti mi aliento.

Búrlate del ayer,
pero no olvides
que nunca mantendrás
en tu poder
otro sentir tan firme
por más tiempo.

Desprecia cuanto quieras
el pálido gemir
de un corazón herido,
pero recuerda siempre
que al volver
tus ojos a los míos
siempre verás en ellos
a quien más te ha querido.

Tarde de verano

Es tarde de verano
y la hierba rebosa,
vergonzosa,
bajo su blusa blanca.

Su mirada perdida
en el eterno azul
de un cielo claro
reposa,
reposa y sueña.

Yo no intervengo.
¡La veo tan hermosa…!
Es tarde de verano.
Tendida en la pradera
mira al cielo…

Ayer la vi

Que ayer la vi paseando
por el campo abierto en flor,
con su camisa de seda,
con su falda unicolor
fruncida en ocre canela
y su pañuelo burlón
bailando al son de la brisa,
restando belleza al sol.

Y yo les pedí a los vientos
que me trajeran su amor,
que sus ojos me miraran,
que me enviaran su voz
para quitarme la pena,
que su perfume sanara
con su aroma y su candor
mi corazón abrumado
de belleza y de pasión…

Pero los vientos son sordos.
Eolo no me escuchó
ni acercó hasta mí su estela.
Yo la seguía mirando.
Ella se fue caminando,
retando a la primavera.
Sólo quedó mi quimera
soportando mi rubor.

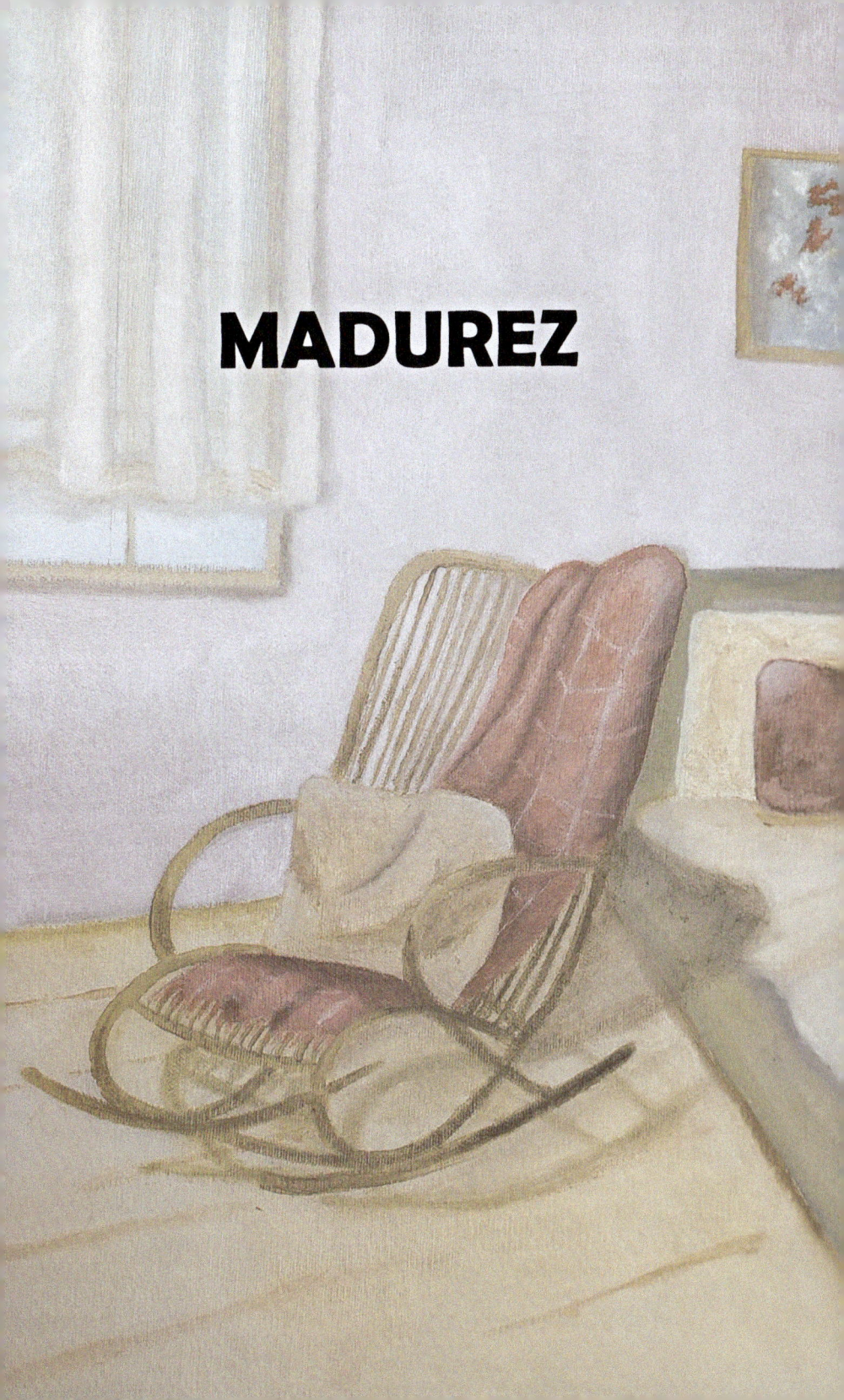

MADUREZ

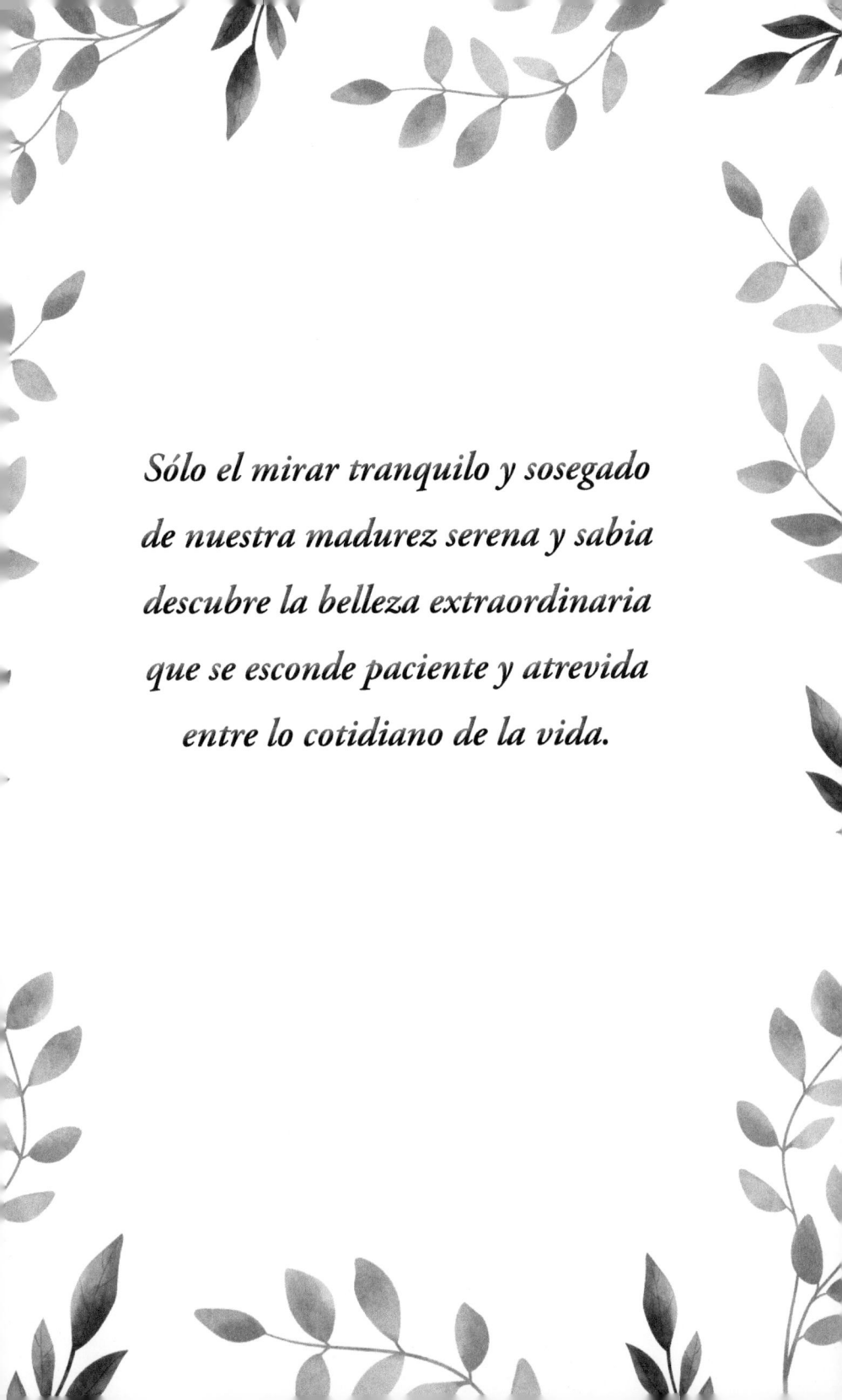

Sólo el mirar tranquilo y sosegado
de nuestra madurez serena y sabia
descubre la belleza extraordinaria
que se esconde paciente y atrevida
entre lo cotidiano de la vida.

El viaje de la vida

En este viaje que es la propia vida
no imperan lisonjeras opiniones.
Cada cual como puede lo dispone.
Y de esta forma, breve,
el tiempo, que es el medio de transporte,
cada uno lo utiliza a su manera,
sin que a nadie le importe si es certera
la forma en que lo mueve.

Hay gente-tren que viaja por raíles
rápidos y seguros, muy sutiles,
y, sin preocupaciones,
disfruta al ver pasar las estaciones
y asume con puntual destreza y orden
llegar a su destino.

Otros, como potentes automóviles,
recorren buenas rutas con esmero,
viven la vida rápido y ligeros
y tienen más opciones:
de vez en cuando toman un desvío
siguiendo indicaciones
de algún libre albedrío,
mas siempre han de volver a su sendero.

Hay quien, empero, admira la pureza
de un viaje más tranquilo en bicicleta
y recorre gozoso los caminos
que peinan mil destinos
en la naturaleza,
sorbiendo con presteza sus paisajes
plagados de sabor y de belleza.

Y es justo respetar las variedades:
todas tienen verdades,
todas encierran grietas.

Mas, muy modestamente, yo prefiero,
si a nadie esto le humilla,
gastar suela de humildes zapatillas
y recorrer tranquilo el campo abierto,
desnudo de caminos,
sin guías, sin destinos
y con la libertad de dar la vuelta.

Tercera edad

¡Han sido tantos años…!
¡Y tantos sentimientos
malgastados
en fiebre de cordura!
¡Han sido tantas noches
de tortura
y tantas alboradas
madrugando en sudor…!

Y es ahora,
precisamente ahora,
en invierno maduro,
cuando más os añoro
y cuando menos me pesa
vuestra ausencia
-amistades calladas-
porque, entre pesadillas,
se desvanece el fuego
del recuerdo
como un susurro grave,
silencioso, pausado…
y llega suave,
como un beso sereno,
esta vejez austera,
cadenciosa, certera…
y agradable.

De viaje por el tiempo

Viajamos en el tiempo
y los recuerdos
fluyen como paisaje
inerte en el camino.
Se nace, vive y goza
durante el breve tiempo
de un suspiro
y al levantar la vista al horizonte
ya no está el existir,
ya no lo vemos.
¿Por qué ahora sólo se oye
el pálido plañido
del recuerdo?
¿Por qué agota la vida
el beso, tristemente, de la aurora?
Voy de viaje,
bella canora de los versos míos.
Me voy.
Sólo me llevo mi lamento
y la dulzura
de tu adiós prohibido.

Vuela tú sola
por el firmamento
en busca de otro paje.
Vuela ahora.
No esperes tu equipaje:
hace casi un momento
que se ha ido.

La mecedora

En su alcoba, la abuela,
tras la cortina
separadora,
arropada en la sombra,
tiene escondida
bajo un manto de tela
la mecedora.

Huele a jazmín.
Y en las tardes de marzo,
tras los cristales,
abrigada en la seda
de su mantilla
de tafetanes,
la abuela agita,
tierna de abrazos,
sobre su mecedora
un vaivén danzarín.

Cuando escucho el gemido
de las baldosas
alanceadas
siempre paso y la miro.
¡Es tan hermosa
bajo su manta!

Su mirada perdida
en el infinito
yo la traspaso
y le beso la frente
de piel bonita
y arrugas blandas.

Luego me marcho.
Cobijada en un sueño
dulce y tranquilo,
queda en su alcoba
al calor de los rayos
de un sol esquivo.

En las tardes de marzo,
tranquila y sola,
la abuela agita
besos y abrazos
balanceando su mecedora.

Añoranza

Hoy he vuelto a buscarte
en la vieja libreta
donde tengo guardadas
las canciones de amor.
Corazón de poeta
solitario en la noche,
sueño cada alborada
con sentir tu calor.

Te regalaba versos,
te decía te quiero,
te escribía el perfume
y el color de una flor.

Y, aunque tú te marchaste,
y me dejaste tan solo,
con el alma perdida
y roto el corazón,
yo sueño, vida mía,
que sigues a mi lado,
porque aún siento tu aroma
en tu viejo sillón.

Me trae la primavera
el sabor de tus besos
y abrazo tu recuerdo
con mis versos de amor.

Te fuiste

Ayer te fuiste brusco,
de repente,
partido en mil pedazos.

A aquel gigante obtuso
le besaste la frente,
buscando triste paz
en su regazo.

Veloz, en su silbido impetuoso,
él te brindó su abrazo.

Sólo tu sombra sabe
las razones.
Tu aliento, sólo, oyó
tu despedida.
Tu adiós temprano
se lo ofreciste al viento,
justo al tiempo
de tornar a la nada
tu atormentada vida.

No sé si hiciste bien.
Ahora el tren pasa
sobre tu cuerpo yerto
sin mirarte a la cara.

Dama negra

Es muy temprano
para esperar el alba.

La Dama Negra sigue,
vigilante,
sentada en su trono
de carbón.

Es muy temprano
para soñar la luz.

Hasta la luna plata
ha escondido su rostro
esta noche.

Silencio…
¡Sólo el silencio reta,
desafiante,
su Reino Negro!

Humo

Alguna vez es niebla
de deseos
o un álamo infinito.
A veces senda errante
en blanco balbuceo
hacia las estrellas
o, simplemente,
un genio de alcanfor.
Es un poema en blanco,
un frágil lirio,
el vuelo uniformado
de un jilguero
o el cáliz de una flor.
Es laberinto ciego
de indefinidas sombras
en penumbra…,
con la salida gris,
ahogado en bruma,
luchando contra el sol.
Pero al entrar en él
se desvanece el alma
de las cosas,
se disipan las dudas
y nace la ventana,
el flexo, el libro abierto,
el cigarrillo, el ruido
o el encendedor.
Es humo. ¡Sólo es humo!

NATURALEZA
Y
VIDA

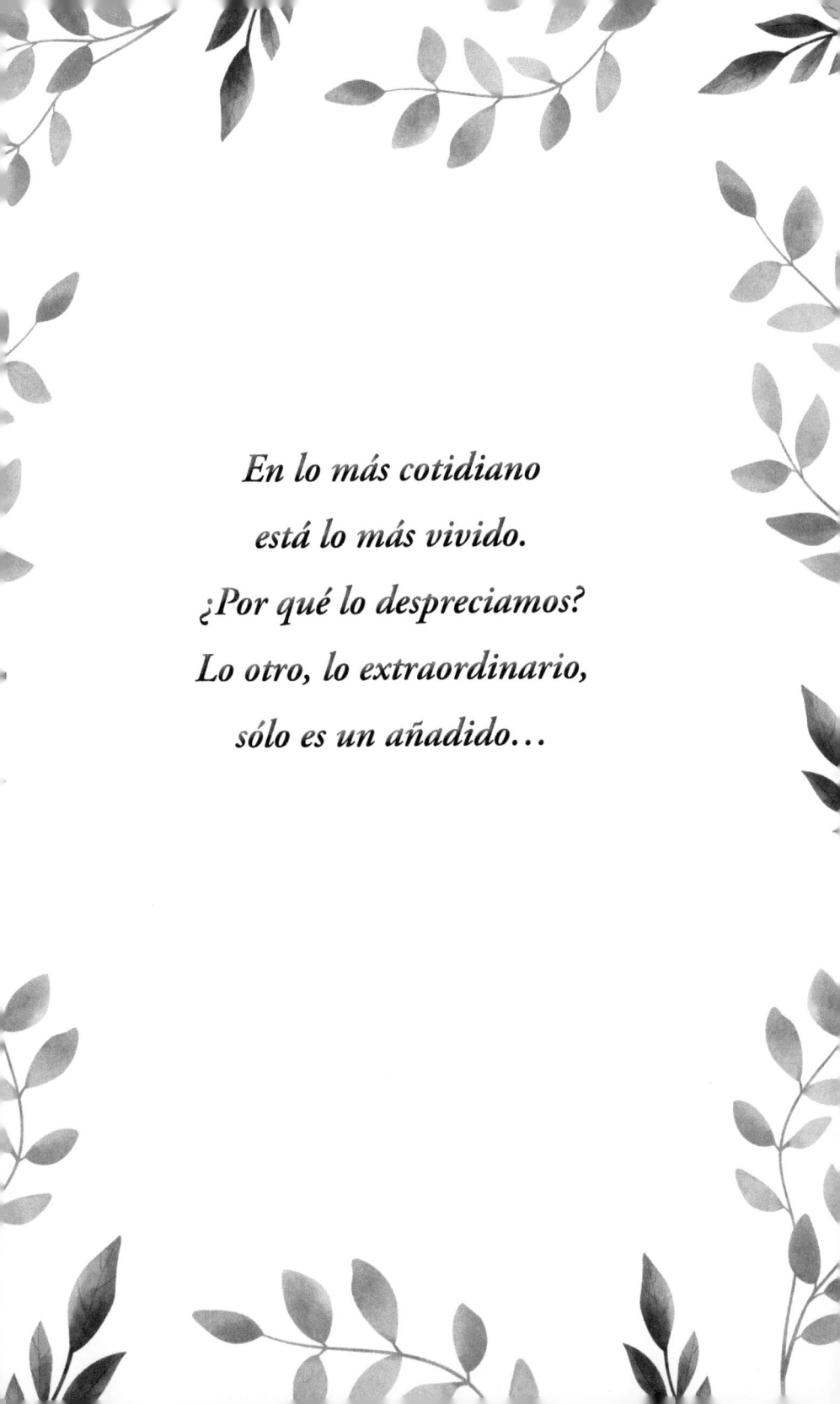

*En lo más cotidiano
está lo más vivido.
¿Por qué lo despreciamos?
Lo otro, lo extraordinario,
sólo es un añadido…*

La escuela

Unos pupitres solos, recios, viejos,
con ávidos raspones decorados.
Encima un libro abierto y un tintero,
un plumín seco, un cartabón gastado,
y, sobre la tarima de olmo austero,
la mesa del maestro, justo al lado
de la estufa de leña y los maderos.

En la pared, colgada de unos clavos,
peana de bandera y crucifijo,
una pizarra negra (negra o verde,
que el tiempo no le otorga color fijo)
muestra con caligráfica escritura
un rótulo con dignidad de orfebre
que explica en un dictado los sufijos.

Un mapamundi de cartón gastado,
que el viento zarandea con presura,
tiene el borde derecho algo rasgado
allá donde debiera estar la nieve
y ya no tiene, obscenamente, cura.

En un rincón mugriento de humedades
una araña entreteje con esmero
su transparente y magistral tejido,
ajena a los países y a los mares.

Blanco aire polvoriento en remolino
sube hasta el sol trepando por los rayos
intrusos que atraviesan de soslayo,
del viejo ventanal, viejos cristales.

Desde él se ven los olmos alineados
que acunan soledad en patio inerte
y escupen hojas yertas abrumados
desde sus ramas al herido césped.

Duerme mi escuela quieta y olvidada
en la tranquila soledad de un pueblo
que ya no tiene gente. En su destierro
añora de los niños su algarada
y la paciencia enjuta de un maestro.

Tres coplas

I

Tu morada quemaron,
de mimbre y barro,
cigüeña blanca.
Maldiciendo las llamas,
impaciente,
la torre te espera en vano.
¡Qué solo se ha quedado su campanario!

II

Entre tanto ladrillo,
cemento y goma
se echa de menos
el olor a tomillo y a hierbabuena
y el sabroso crujido
de aquel pan tierno de la tahona.

III

Camino de la Barca, llévame al río.
Ya no te llevo,
que una venda de asfalto
cegó mis ojos
a la vera del vado
y ahí mismo muero.

Sánchez Baranda
06

Mi pueblo

Al pueblo donde vivo
le han arrancado a cuajo, de la plaza,
su fuente de tres caños.
Hoy borra su frescor de musgo herido
un parque nuevo con suelo de gravilla
encarcelada en rombos y cuadrados
y bancos de cemento.

¡Ay de ti, pueblo!

Al pueblo donde vivo
ayer me lo robaron el viejo lavadero
entre susurros y maledicencias.
Y, sin pedir permiso
al manantial que enjuga la veguilla,
ni al pozo del vallejo,
le han segado el verdor a los juncales
para izar hasta el cielo
viviendas nuevas con piernas de hormigón.

¡Ay de ti, pueblo!

Perfil hogaño gris y resentido,
que estás viendo tus calles
enlutarse de aceras,
morir de asfalto la cuesta de la ermita
y huir en luces de neón, de noche,
la cara blanca de tu amada luna.

¡Ay de ti, pueblo!
Despacio, despacito… se te evapora el alma.

En mi patio

Hay un petirrojo sobre mi cerezo
que todos los días me viene a cantar.
¡Está tan gozoso picando sus frutos…!
¡Qué envidia me da!
Desde el pruno viejo de follaje oscuro,
de ramaje hirsuto raído de edad,
otro petirrojo replica azaroso
con otro trinar.
Le mira, se miran con complicidad
y del viejo pruno vuela cauteloso,
despacio, al cerezo.
Ahora comen juntos el rojo manjar.

¡Ay, qué envidia dan!

Y hay dos mariposas de aleteo errante
que vuelan nerviosas.
Se posan, se van. Se van y se posan.
Y liban el polen tan reconfortante
de las bellas flores -jazmín y azahar-
que adornan el patio de mi dulce hogar.

Yo, que los contemplo desde mi ventana,
les digo en silencio, con mirada tierna
por no molestar: nos os vayáis, amigos;
en esta mañana mi patio os espera
con jovialidad.
Comed frutos ricos, bebed dulce néctar,
libad y cantad, que yo sólo os miro.
¡No os quiero asustar!

Mayo

Ya está llegando mayo,
encantador, certero.
Los gorriones lo anuncian
con su sedoso canto,
bello trino atildado,
perfumado y sereno.
Honda melancolía
refusan los claveles
sobre los tiernos prados,
verdecidos
de gozo agradecido
y tempranero.

Las nubes, mientras tanto,
sollozando fulgor,
tienden su manto
sobre las frescas rosas
y los verdes laureles.
Mil capullos procaces
ofrecen generosos
su corazón inquieto,
limpio y puro
y borran del recuerdo
la aspereza,
esa aspereza hosca
del invierno
nevado, frío, gris,
profundo y crudo.

Una sonrisa alegre
nos traen las mariposas
juguetonas
con su delicadeza
perfumada,
mientras liban, golosas,
zalameras,
los vírgenes estambres
de las enredaderas.
(¡Ay, las enredaderas caprichosas!)

¡Sé bienvenido, Mayo!
¡Fiel amigo
de los frescos estanques
y los ruidosos ríos,
no demores más tiempo tu visita!
Que tu venir será bien acogido.
Tu alegría pondremos por bandera.
Y nunca volveremos a estar tristes
mientras que tú nos mires.
Acuna, mes florido,
nuestras pequeñas vidas
con brazos arcoíris
y mece con dulzura nuestro sueño.
El sol, siempre risueño
sol de mayo,
apagará por siempre
el cruel quejido
de los vientos de antaño…
Disfrutemos.

Viento de marzo

Viento de marzo
preñado de rocío,
severo, bravo,
que con tu poderío
empañas los cristales
de mis gafas de ver
las cosas bellas.

Viento cruel
y desagradecido
que vienes tan veloz
desde los mares
y de los frescos ríos
hasta esta añeja tierra
dura y seca.

Déjame oler los nardos
y los lirios,
no prives con tu furia
caprichosa
de sus hojas al lilo
ni de pétalo a rosas.
Viento de marzo inquieto,
¡ven tranquilo!

El río

Siempre gusté en el río,
desde el puente colgante que reta al vacío,
echar migas de pan a los barbos
y verlos saltar
y borbotear besos de aire
sobre el agua clara.

¿Recuerdas?, ¡nuestro río!
Y esas tardes de julio caliente
charlando de amores platónicos, tiernos,
a la sombra serena del álamo blanco
que mira a poniente.

Ahora tú ya te has ido
y a aquellos amores se los tragó el tiempo,
como liba el rocío que llora la noche
la hermosa mañana.

Bajé de nuevo al río
por buscar palo dulce sabroso.
Ya no vi los barbos. El agua era verde.
Los juncales rotos
maldecían el olor a azufre
que lame con labios de fuego
las piernas del puente.

¿Qué le han hecho a mi río?
Sollocé. Sí, lloré
desgarrado por dentro
y me fui destrozado a escribirte:
¡no vuelvas! Por cierto:
han talado el álamo.

Primavera

Todo ocurre en primavera,
cuando las nubes son blancas,
cuando el rocío se esfuma,
se van la bruma y la escarcha
y el día sueña en calor.

Todo cambia en primavera.
Las ramas crían retoños
de frutos aún no nacidos
y florecen las retamas
y se van los fríos tordos
hasta las verdes montañas.

Todo nace en primavera;
surge jovial la pasión
y se alegran los jilgueros
que embellecen con sus vuelos
el campo incipiente en flor.

Y juegan las mariposas
buscando el jugo a las rosas…
y canta el río trotón
saltando por las cascadas
de aguas en busca del sol.

Siempre llega primavera
con su aroma de hidromiel
y pinta con su pincel
de verde la madreselva,
de amarillo la ginesta
y de blancura al clavel.

Todo ocurre en primavera
siempre por primera vez.
Todo nace en primavera.
Todo…, si lo sabes ver.

Cuando nace una flor

Ya está naciendo la flor.
Ya se asoma a la mañana.
Ya viste al campo de gala
y lo perfuma de olor.

Abre su pétalo al sol
y se vuelve tan hermosa
que abejas y mariposas
vienen a libar dulzor.

La vida se despereza
delante de mi ventana.
Y mi almendro se engalana
con su blanco de pureza.

Mientras, mi pruno, de rosa
cubre el frescor de sus ramas
y al cerezo le reclama
que abra su flor pudorosa.

Trina contento el jilguero
agradeciendo este don.
Gorjea alegre en la espera
de nuevo fruto el gorrión...

¡Qué sabia Naturaleza
cuando expande su color!

Flor temprana

Llega la primavera
prematura.
Renace entre las malvas
aún maduras
una flor tempranera
en la mañana
que busca, prisionera,
el sol de enero
trepando ansiosa
por la opaca bruma.
Se equivocó la flor.
La engañó el viento.
La despistó la brisa
navegando,
sutil, en la espesura
de la hierba en el campo
y los cardos de invierno.

Invierno

En invierno mi parra reposa
tranquila y ociosa,
con sus pámpanos
viudos de verde
y ausente de abril.

Con la luz
de la alborada oscura
viene el mirlo curioso
a posarse en las ramas
ausentes de fruto.
Y trina nervioso
su canto armonioso
hacia el cielo añil,
reclamando la uva
madura en dulzor.

Llegas tarde,
le dice un gorrión
que, al cobijo
del alar seguro
de oscuro tejado,
sueña primaveras
mirando hacia el sol.
Ya no hay fruto.
¡Tardaste en venir!

Granizo

Tronó el cañón del cielo
y con su enfado
ha privado de brotes
al almendro
con sus balas de hielo
boleado en furor.
También al avellano
y al presumido pruno
les desvistió sus pétalos rosados
prematuros.
Fue más listo el cerezo,
que retrasó su flor
hasta el regreso
del sol maduro, amable,
de mediados de marzo.
Quedó marcado el suelo
por el hechizo duro,
imprevisible y agrio del granizo,
acallando un momento
el verdor incipiente de los campos.
Se despide el invierno
con un beso de hielo
impertinente y blanco.

Paseo por el Henares

A la vera del río,
de mi Henares querido,
hay un camino abierto a los paseos,
abrigado en la sombra
de los olmos mayores y los brezos.

Sorteando los majuelos y los chopos
el camino serpea hacia la vega
en busca de aguas mansas y juncales,
donde viven los ánades curiosos.

Corre mi río alegre y jubiloso
lamiendo suave el canto de sus piedras
y se pierde un momento en un meandro
que aún conserva
entre su magnitud, secos, dos troncos.

Ya están los viejos cardos angostados
de marrón quebradizo y taciturno.
A sus pies, hierba nueva indecorosa
les reclama el espacio
y cubre con su alfombra de frescura
los prados yermos del calor de estío.

Yo camino despacio,
contemplando la olmeda que se mece
gustosa con el viento de este otoño.

Un petirrojo trina en la espesura
y avisa con tesón nuestra presencia.
Responde el ruiseñor y el carbonero.
Se añade el mosquitero y la oropéndola,
que adornan con su canto tempranero
esta mañana tierna

Angus, mi perro amigo
y cariñoso
trota delante ufano,
olisqueando los brotes trebolados.
Tampoco él tiene prisa y se entretiene
asustando a las blancas mariposas
y a las golosas moscas que le retan
con su inquieta zaguera de vaivenes.

No hay prisa.
Se ha detenido el tiempo con nosotros.
Disfrutamos gustosos del momento,
de un camino a la sombra,
entre los olmos,
a la vera del río,
de mi Henares querido y caprichoso.

Castilla

El sol está despierto.
Amanecen los campos
-oro y cielo-,
los campos de Castilla.
Emerge un sol potente
de un horizonte espeso
y crisolado,
el sol potente siempre
de Castilla.
Se ilumina la estepa
noctámbula con ocre
melodía.
Y canta el gallo pardo
en la trigada tierra
de Castilla.
Borbotea la fuente
de la vega
y en la vaguada verde,
allá en la umbría,
serpea un manantial
con tímido latido
de agua tierna,
esa agua siempre tierna
de Castilla.
¡Qué orgullosas se ponen
las aguas cristalinas
del arroyo
bañando a los gorriones
a la sombra del olmo!

Ya se divisan, pronos,
los pueblos aún dormidos
a lo lejos.
– El río va corriendo –
Estrechas callejuelas,
puertas viejas,
buenas gentes que charlan
en la plaza
en poyatos de piedra…,
esas añejas piedras
de solana,
esos molares viejos
de Castilla.
Toma el camino…
Hay un camino estrecho,
seco y pobre
que va al molino,
una segura senda que te lleva…
(¿qué más da dónde?).
El sol está naciendo,
ríe, se despereza…
¡y despertó a Castilla!

Juglares

Los campos…
con sus trigales.
Los pueblos…
con sus abuelos en la plaza.
Y el sol…
el sol siempre entre juglares
llenando de algarabía
sus cantares.

¿Es cierto que no anochece
en su corazón de oro?
Juglares, sólo juglares
descubrieron su tesoro:
su gente, su pan y el sol.

Tierra y sudor
de una raza campesina
que esconde entre los zarzales
su corazón segador.
Juglares, poesía y sol.
Porque sólo los juglares
han cantado por las plazas
su fulgor.

La loma

Ha amanecido el día jubiloso
sobre mi amada tierra,
en la Campiña.
El sol liba con rayos redentores
la blanca escarcha
de una noche fría
que este invierno tranquilo
nos regala.
Zigzaguea la loma silenciosa
y divide a la vaguada
en dos mitades.
Al oriente la vega,
que acompaña al Henares,
malherido,
y muere en las terreras
caprichosas
que esculpió el agua dura
con un cincel de viento.
A poniente los campos de cultivo,
que ocupan los trigales
y el centeno,
donde las avutardas
revoltosas
buscan el grano a mediodía,
cuando llega el estío generoso.
Ahora todo está en calma.

El alba ha descubierto
entre las malvas
y los cardos vivos
un estrecho sendero
que recorre la cima de la loma.
Por su alfombra de piedras
desgastadas
sigo el camino
mientras observo el cielo azul,
limpio, sereno,
y disfruto del trino
de alguna lavandera despistada
que al escuchar mi paso
levanta el vuelo.
Voy de paseo; no hay prisa;
tengo tiempo,
que ha amanecido un día generoso
sobre mi amada tierra en la Campiña.

Niebla

Hoy ha venido el cielo a visitarnos.
Nos dio su abrazo blanco con su bruma.
Mañanita de niebla con espuma
de nube persistente y poderosa
que liba con su beso húmedo el campo
donde duermen los lirios y las rosas.

Hoy ha bajado el cielo hasta la cuna
de los seres pequeños que habitamos
la casa de los ruidos y las cosas
y ha pintado de gris la transparencia
del bosque de ciudad y sus tejados.

Nos ha dejado el horizonte a oscuras
y ha cubierto de lágrimas las losas
con su pincel de viento perfumado.

Hoy ha dormido el cielo enfurruñado
sobre el lecho embreado del asfalto.

Mi barco

Calladamente anclado
en el fondo del muelle,
dormido, yerto,
recordando un pasado,
desafiando al tiempo,
inmerso en la tibieza
y el silencio.

Ya nadie le hace caso
ni a verlo se detiene.
Su único compañero
es el crujido amargo
de sus toscos maderos,
susurrándole al viento
la inalcanzable alteza
de añejos buenos tiempos.

La mar lo balancea,
esperando impaciente
mi regreso,
dolorido, angustiado,
sepultado en el reto
de una falsa promesa
y un deseo.

Abrazado al regazo
de su quilla doliente,
me lo encuentro
como un rasgado harapo,

como el frugal destello
de una apagada estrella
que fue lucero.

Y pienso que ese barco
que yace oculto, inerte,
es un espejo
en el que nos miramos:
vemos la vida, el velo
de la falsa careta
que nos dibuja el tiempo.

Calladamente anclados
en el error consciente
de un pensamiento,
también gemimos solos,
soportando el tormento
que acompaña a las huellas
de un sentimiento.

No pido los cuidados
de un amor que no vuelve.
Yo sólo quiero
que el latido pausado
de un verso marinero
ablande la crudeza
de un barco yerto.

Copla marinera

Mi hogar lo ocupa mi barca
mecida por la marea,
mi lecho es agua salada,
mi techo son las estrellas,
mi guía un lucero errante,
mi faro la luna llena
y en mi cantar marinero
me dan su voz las sirenas.

Besan las olas mi quilla,
soplan los vientos mi vela,
cruje mi timón al tiempo
que se encorva y se endereza
por llevarme a la bahía
donde mi amor ya me espera.

Boga veloz, barca mía,
tan rápido como puedas,
que ya percibo su aroma,
que la brisa me lo acerca.
¡Galopa sobre las olas
veloz, con la algarabía
del vuelo de las gaviotas,
llévame al puerto deprisa,
que en la orilla ella me espera
para cantarme una copla,
que de sus labios ya brota
una copla marinera!

Toro

Tarde de agosto.
Calor.
Sólo calor y olor
a sangre negra.

Resaca
de pica machacona
y profunda.

¡Y olé!, ¡olé!, ¿olé?

Tarde de agosto.
Furor.
El coso entero grita.
Dardos de fuego
vomita
sobre la arena
el azabache triste…
¡y embiste!

Se va al caballo,
cansado y ciego,
busca su cuero…
¡y embiste!

Belleza en "naturales".
Redonda la faena,
rotunda.

Tarde de feria.
Valor.

Prima el valor
por dominar el asta
que asusta y manda.

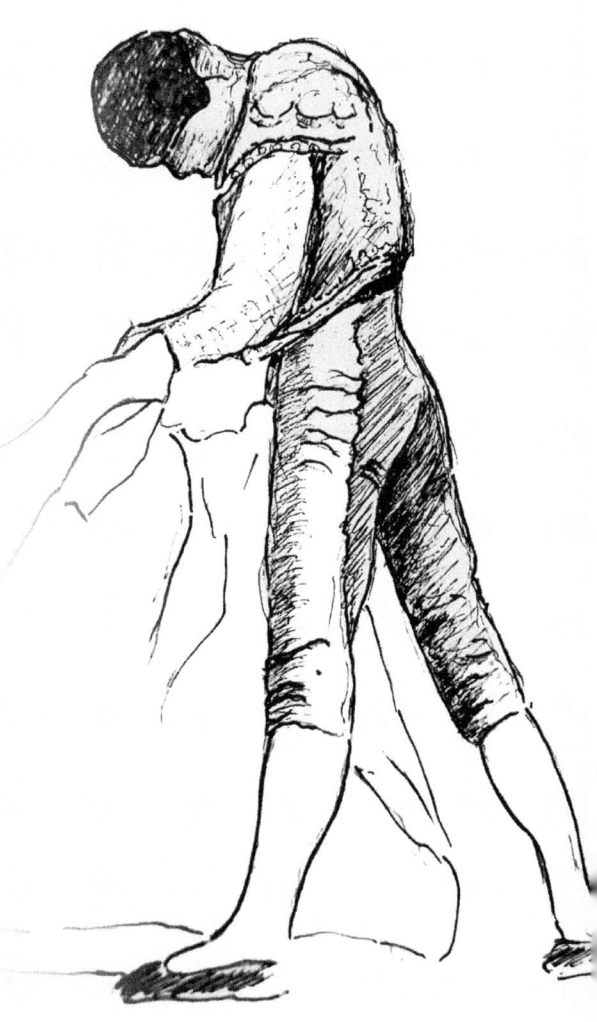

Cambio de suerte.
Pavor,
miedo y hedor
a muerte aventurada
y profunda.

Muleta
que atiesa el porte,
con destellos de plata
en el borde.

¡Y olé!, ¡olé!, ¿olé?

Te sangra el rostro, toro.
Te llama
tu novia roja: ¡que vayas!

¡Olé!, ¡olé! ¿Y la voz?

La arena calla, toro,
te arropa
con un abrazo rojo,
viscoso y tierno.

Tarde de agosto.
Dolor.
Silencio y calma.

Ya no está el miedo.
Todo es silencio…
El último, el postrero,
que así te llevan, toro,
barriendo tu desplante,
fuera del ruedo.

Lobo

Aullaba el lobo furioso
y las gentes, asustadas,
se guarecían en casa.
El lobo bajaba al valle…
y lo arrasaba.
Emanaban sus entrañas
sed de sangre,
furia y saña desbocadas,
hambre de muerte.
El viejo lobo mataba.

Y temblaban los rebaños,
maldecían los pastores,
rezongaba un buen anciano
dormitando
en la solana del monte
cuando el eco de la tarde
anunciaba su llegada.

El lobo, incansable,
aullaba…

Hoy todo el pueblo,
angustiado,
se ha refugiado en un grito
de venganza.
Se reúnen en la plaza
y los mozos han urdido
una redada…

Al sol tienen de testigo
acreditado.
Ya han acorralado
el monte.
Ya se escuchan
los disparos.
Ya trae el viento
su gemido
de sangre ya derramada.

Y se acaba para siempre
esta horrible pesadilla
sobre una negruzca faz
desencajada.
El lobo desvanece
malherido.
Pagado el crimen.
Brilla la justicia.

Pero un grito postrero
emula, tendencioso,
su suspiro:
matar para vivir,
mi triste vida;
vengarse con la muerte
es vuestro juicio.

El cisne

Está llorando el cisne tras los juncos
ajados por la sed seca y oscura.
Las ánades partieron con la luna.
El jazmín y el rosal lucen de luto.

¿Qué fue de aquellos olmos oportunos
que besaban el agua en la laguna?
¿Cuándo se disipó la fría bruma
que acariciaba el lomo de los musgos?

Se divorció la lluvia de esta tierra;
dejó huérfano al mirlo y a la alondra,
secó la fuente y marchitó la yedra.

Ya no encuentran su hogar las mariposas
ni liban las abejas la ginesta.
Quedó un cisne sin alma… y llora a solas.

UN POCO
DE HUMOR

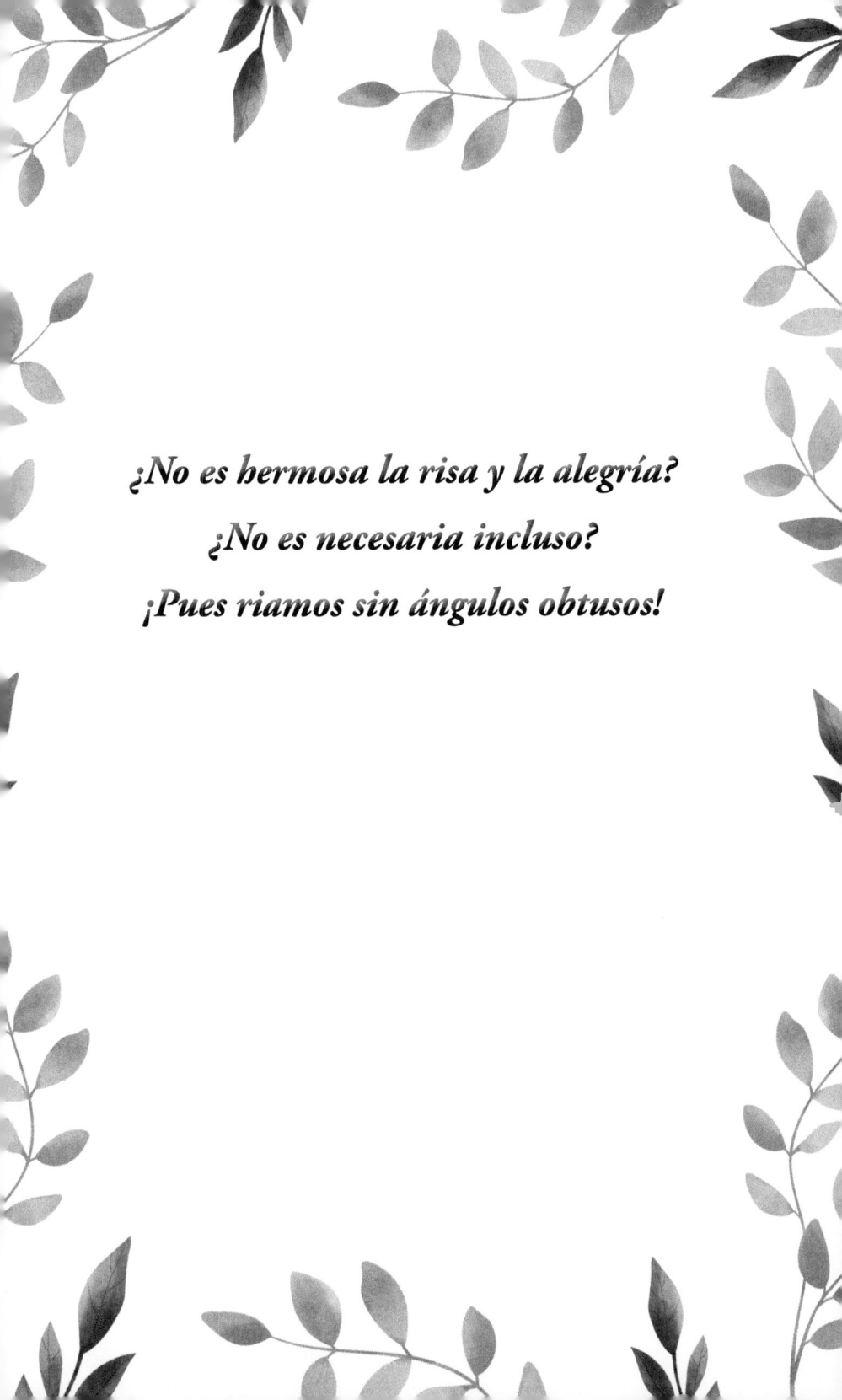

¿No es hermosa la risa y la alegría?

¿No es necesaria incluso?

¡Pues riamos sin ángulos obtusos!

La apuesta

En la Venta de La Paca
se bebe, se canta y juega
y, al terminar la faena,
allí va la gente buena
a tomar vino y dar charla.

Bebiendo un día un cuartillo
fui testigo presencial
de una apuesta singular
entre dos zotes y un pillo.
Y, pues tengo ahora ocasión,
les cuento conversación.
Préstenme atención. Les digo:

Bebida la cuarta ingesta
queda el pillo sin dineros
y, por seguir con el juego,
propone a zotes la apuesta:
¡Óiganme bien, mis compadres!
¿quién se atreve a revelarme
respuesta de un acertijo?

Pues yo mismo, ¡voto a Cristo!,
responde un zote al instante.
¡Vaya, pues!, responde el otro.
Pues se acepta. Y os propongo
apartar cuarenta reales
y quien dilema resuelva,
si la ciencia no nos miente,
se llevará ciento veinte.
¿Todos de acuerdo? ¡Sí!, ¡sí!

Vistas ya las condiciones
el pillo ha cerrado el trato
y comienza su relato
con aquestas expresiones:

Pasado ya el mes de abril
fueron de caza una tarde
dos hijos con sus dos padres…
Y aquí viene la cuestión:
quiso el destino bufón
que cobraran tres conejos
y pusiéronse contentos
a hacer la repartición.
No pudo haber discusión,
pues fue reparto oportuno
que se llevaran a casa
una pieza cada uno…

Responde un zote: ¿qué pasa?
¡No es buena la división!
Tres entre cuatro no es uno.
Dice el otro bravucón:
¡No puede ser! ¿Esto es guasa?
Mas no, por Dios, dice el pillo.
Todo es cierto y bien sencillo.
Y si no dais con la cuenta,
dadme el dinero de apuesta
y muy gustoso os lo explico.

Pasan rato los dos zotes
cavilando la respuesta
y al fin por no dar con ella
se aceptan dar por vencidos.

Demuéstranos, carcamal,
cómo es posible acabar
con equidad el reparto,
que si lo tuyo es engaño
en la justicia has de dar.

Comienza a explicar el pillo:
Con toda seguridad
el padre es padre, ¿no es cierto?
Un zote dice: ¡correcto!
El otro dice: ¡así es!
Y, a fe mía, que un abuelo
ha de ser padre también.
¡También lo es!, dicen todos.
Perfecto, pues de este modo
ya están dos padres contados.
Estáis los dos avisados.

Mas vamos al acertijo,
que aún nos faltan los dos hijos
para cerrar esta trama.
El menor, hijo se llama.
¿alguna duda? ¡No, no!
Pues ya lo tenéis, compadres,
porque hijo es también el padre
de abuelo progenitor.
De este modo hijos son dos
y dos son padres, ¿o no?
Pues la apuesta ya está clara
y os vencí con honradez,
que los cuatro hijos y padres
como personas son tres.

Y fue oportuno el reparto,
problema no hubo ninguno
pues ¡tres entre tres es uno!
La historia ya se ha aclarado
y yo os vencí, compañeros.
¡Vengan a mí los ducados
y sigamos con el juego!…

Don Nazario

La historia de Don Nazario,
con su permiso, le cuento a usted:
Nacido en el mil y pico,
según Perico, su amigo fiel,
se echó muy pronto de novia
a Doña Orobia Gil y Muñoz,
que por ser hija de rica
linda y bonita le engatusó
y le hizo ver hermosura
en la grosura presa en corsé
y voz melodiosa y pura
do, mal ventura, ronquido atroz.

Pasó bien pronto la dicha
de Don Nazario -pobre señor-,
que, al fin de los esponsales,
fregando platos y cacerolas,
por carnavales, palideció.

La tosferina, dijo Don Xisto,
buen boticario de aquel lugar.
Fiebre moruna, objeta Perico,
que es producida por el lavar.

El caso y, de cualquier modo,
es que a Nazario la enfermedad
dejóle con mal de lengua,
(según Don Xisto tartamudez)
sordo de la oreja izquierda,
tuerto de un ojo y cojo de un pie.

Fueron pasando los años
y Don Nazario se acostumbró
a mirar sólo de un ojo,
hablar con su media lengua,
estar alerta con media oreja
y pasearse con un bastón.

En noche de luna llena
van caminando junto al zarzal.
Delante la oronda Orobia
– hija de ricos- Gil y Muñoz;
donando traspiés Nazario
con su cojera marcha detrás.

Y de esta guisa, con la pesquisa,
pese a sordera, con claridad,
se escucha un ruido como un gemido
que procedía del matorral.

"¡Pa-pa-pa para!", dice Nazario.
Contesta Orobia "¿Pa-para qué?"
"Po-porque" he oído como un quejido
y voy "co-có" corriendo a mirar".

Se acerca en vaivén Nazario,
enfila el ojo, mira y trasvé
un conejillo que, el pobrecillo,
buscando hierba para cenar
ha encarcelado su cuello blanco
en las espinas de aquel zarzal.

"Ve-ven esposa. ¡Ven presurosa!
¡Qué buena presa! ¡Qué presta está!"

Alarga el brazo la poderosa
por ser primera. La gravidez
traiciona a Orobia, que cae redonda
pataleando junto al gazapo
(¡Vaya golpazo!), por su avidez.

Buscóle, presto, Nazario
por darle auxilio en la situación
la parte menos cortante
de algún sobrante de un azadón.
"¡Tranquila, que-que ya llego", dijo,
"para ayudarte mi fiel amor!"
Y de esta guisa le echó triunfante
la pieza errante del azadón.

Mas quiso el cruel destino
que aquel alivio fuese a caer
punzante y en la falange
del tercer dedo del diestro pie.
El grito de Doña Orobia
se oyó profundo y desgarrador,
y, en noche de luna llena,
para más fobia, -¡Jesús, qué pena!-
también fue coja Gil y Muñoz.

Aparte de aquel suceso
y algún percance sin gravedad,
pasó muy pronto el otoño,
como un retoño primaveral,
y llegó a tiempo, según costumbre
junto a la lumbre, la Navidad.

(...)

Seguimos contando el caso:
José Gascón, cantinero
de origen vasco, mozo formal
que nunca emborrachó el vino
con agua clara del manantial,
tronando está cual corsario
la aldaba hueca que orna la puerta
de la casona de Don Nazario.

"¡Que están llamando!", le grita Orobia,
hija de ricos, coja y Muñoz.
"¡Vo-voy, esposa!", cacareando
gime Nazario con precaución.
Llega a la entrada patacojeando,
suelta el pestillo y abre el portón.

"¡Buenas, Nazario!" "¡Con Dios, Gascón!,
¡qué se te ofrece, buen cantinero,
hijo de vasco fiel y formal,
que de esta guisa tronas la aldaba?"

"Verás, vecino: que es Navidad
y ha conciliado el Ayuntamiento
que acuda toda la vecindad
hasta la Plaza del Torturado,
con mucha prisa, sin miramiento
y engalanados a voluntad".

Dice el alcalde, que "pa" eso manda
y, en este caso es la autoridad,
que ha contratado con una empresa
para que venga al pueblo a grabar.

Por eso cabe, y es cosa hecha
que los vecinos de este lugar
vengan "a escape", que está mandado,
porque a las ocho van a filmar.

No hay alma viva que se lo explique,
ni ánima en pena que pueda hablar,
pero la escena del "filmamiento",
-y esto lo saben hasta los muertos-
yo se lo juro que fue verdad.

Había un señor con gorra,
de esas viseras que por detrás
no llevan tela (ni falta que hace,
porque la calva va sin tapar)
gritando con un "embudo"
a algún mendrugo sordo de atar.

Al grito del señor calvo,
justo llegando Nazario al bar
que hay en la plaza junto a la fuente,
con voz hiriente, sin vacilar,
responde Orobia muy ofendida:
"¡Eh, señor mío! ¡Chus y a callar!,
que es falta de cortesía
dar esos gritos al personal
con un embudo que más parece
la cuenca rota de un orinal".

Armóse tal zipizape
con la respuesta del director,
que nadie sabe con garantía,
ni hay quien explique cómo ocurrió,
pero, a la postre de aquel gauchaje,
fueron halladas en el pilón
el alzavoz y la filmadora,
junto a la oronda, patas arriba,
hija de ricos, Gil y Muñoz.

Acude raudo el alcalde.
Detrás Nazario y en pos Gascón
a dar auxilio a la Orobia,
la filmadora y el alzavoz.
"¡Fi-fiel esposa!, ¿qué ha sucedido?",
ta-tartajea Nazario al ver
nadando en fango, sobre las ranas
la gran costilla de su querer.

"¡Señora Orobia!", clama el alcalde,
con evidente solemnidad.
Gascón resiste la carcajada,
como buen vasco serio y formal,
y en la algarada del populacho,
con voz potente dice a la gente
que ronronea curiosidad:
"¡Jesús, qué baño, cámara en ristre!
¡Y en agua fría! ¡Cómo resiste
la condenada! ¡Y en Navidad!

Aquel día de diciembre,
con luna llena, como empezó,
se termina nuestra historia,
pese a Nazario, pese a Perico,
pese al alcalde y al director,
pese a las ranas y a los conejos,
pese al que escribe y pese a Gascón,
pues Doña Orobia, muy humillada,
hija de ricos, coja de azada,
la oronda esposa, Gil y Muñoz
mandó quitar de su puerta
la aldaba hueca, se metió en casa,
cerró el pestillo con mano diestra
y, ¡se lo juro!, NUNCA SALIÓ!

El maestro

Un maestro viejo y sabio
decidió con osadía
enseñar a sus alumnos
una lección en poesía.

De esta guisa, a la sazón,
comenzó pronto la prueba
advirtiendo en su mención:
usad muy bien la razón,
resolved este problema:

"Veinte palomas torcaces
en un olmo reposaron;
dio un cazador tres disparos;
seis cayeron. Colegiales:
¡decidme cuántas quedaron!"

Levantó pronto la mano,
muy ufano y sin rubor,
un alumno aventajado
y respondió entusiasmado:
¡catorce son, profesor!

Corrígele el buen maestro
sin afán de molestar:
restar sí sabes restar,
mas equivocas la cuenta.
¡Ave no quedó ninguna!

La prole se desconsuela.
Ante respuesta tan cruda
todos dicen: ¿cómo es esto?,
¿puede la ciencia fallar?

Habla y lo aclara el maestro:
en el árbol, ya os advierto,
y no cabe discusión,
ave no quedó ninguna,
y tiene su explicación,
que, al ruido de la escopeta,
fueron todas a volar.

Quedan todos los infantes
admirados y contentos
diciéndose unos a otros:
¡sí que es listo este maestro!

Y él les dice moraleja:
cuando la vida os de dudas,
¡usad siempre la cabeza!

Grave error

Martes,6 del mes presente,
acude fiel un paciente
a su clínica privada.
Nada digno de observar,
sólo va por comentar
la analítica pasada.
Llega loco de contento,
porque, como es previsor,
sacó del ordenador
en su casa el resultado.

Y aunque no entendía nada
de las palabrejas raras
que el informe contenía,
sí que notó ensimismado
que todas tenían al lado
una flechita hacia arriba.
¡Magnífico, sí señor!
Eso va a significar
que tengo todo aprobado,
-me lo enseñó un profesor-.

Así que no se resiste
y se va alegre a buscar
al médico que le asiste.
Llega a la clínica y ¡nada!
Hay tres delante. A esperar
con paciencia su llamada.
Pasado un rato, por fin
oye su nombre anunciar
por altavoz en la sala.

Llama a la puerta. Al abrir
saluda, pide permiso
y se sienta muy sumiso
en una silla acolchada.
El doctor con seriedad
se pone raudo a mirar
la analítica aportada
y observa con precaución:
tiene alto el colesterol
y regular la tensión;
la hemoglobina fatal,
la tiroidina peor,
la glucosa desfasada....

¡Ay Dios mío!, interrumpió
el paciente amedrentado.
¿me voy a morir, doctor?
¡Si a mí no me duele nada!
No se preocupe, señor.
que son cosas de la edad.
Mire, se va usted a tomar
estas pastillas y a andar
dos horas cada mañana.
Cuando haya pasado un mes
viene usted a verme otra vez
y veremos cómo marcha.

El paciente le contesta:
pues muchas gracias, doctor,
que tenga buena mañana.
Y se dispone a salir
con su mal presentimiento.
Mas al llegar a la puerta
dice el médico: ¡un momento!
Dígame, doctor, ¿qué pasa?

Un detalle nada más.
Veo que la P.S.A.
también la tiene muy alta.
¿Y eso qué es? Le pregunta
preocupado el buen paciente.
También cosas de la edad.
La próstata que se inflama
y le puede dar problemas
cuando vaya usted a orinar.
Es mejor que pida cita
con médico especialista
que se lo pueda tratar.

El paciente piensa quedo:
¡pero si yo mear meo
sin problemas!, ¡vaya plan!
Mas como buen ciudadano
pidió cita conformado
delante del mostrador…
¡Para el urólogo!, ¿no?
-le dice la secretaria-.
Dice el hombre: ¡por favor!
Pues… dentro de una semana.
Consulta número dos.

El pobre queda asombrado
al ver en la citación
el día que le han marcado:
¡martes y trece! ¡qué guasa!,
aunque piensa presuroso:
yo no soy supersticioso,
no me puede pasar nada.

Llegado el día citado,
por ser un hombre prudente,
acudió como paciente
un poco antes de lo hablado.

Y le fue fenomenal
pues no tuvo que esperar
y entró rápido a consulta.
El urólogo comienza
leyendo los resultados
y le dice preocupado:
esta leyenda me asusta.
Debo confirmar el dato.

Y añade a continuación:
hay que hacer exploración
por descartar mal mayor.
Lo que usted diga, doctor,
responde el otro aterrado.
Ya, pues sin más dilaciones
bájese los pantalones
y apoye usted la barbilla
en el brazo de esta silla.
Así lo hizo. Expectante
vio al doctor ponerse un guante
y sin ningún disimulo
meterle el dedo en el culo.
Y sin siquiera inmutarse,
impasible, serio, seco,
casi sin parpadear
se puso el doctor a hurgar
con el dedo en su trasero
dando vueltas por el zulo.

El paciente al fin gritó.
Ya no pudo aguantar más.
¿Cuándo termina, doctor?
Usted tranquilo... ¡Ya está!
¡Pues tiene guasa la cosa!,
dice el médico extrañado
al fin de la exploración.

En la próstata no hay nada.
Todo es normal. ¡Hum! Veamos
el informe que aportó....
Juan Domínguez... ¡Un momento!,
dice el paciente, ¿qué nombre?
Juan Domínguez. ¡No soy yo!
Y descubren, (¡mira tú!)
que el informe equivocó.
Imprimió el de su cuñado
que hace un mes había finado
por su malsana salud.
Dijo el doctor: ¡Grave error!

La casa rural

Harto ya de la ciudad,
de sus ruidos y sus prisas
y el ajetreo sin par,
pensé darme un buen respiro
y me dije ¿y si me piro
y me marco un buen relax?
¡Al campo!, que es tan bonito…
todo silencio, aire puro,
calma, paz, tranquilidad
sin gritos de los chiquillos…
a escuchar los pajarillos
con su precioso trinar.

Y, sin pensarlo dos veces,
raudo me puse a buscar
y encontré en tierras de Soria
por cantidad irrisoria
una casita rural.

Y así comenzó mi viaje.
Cogí un poco de equipaje
y me puse en un pis-pás
en marcha hacia el horizonte
por la autopista del Norte
contento y sin vacilar.

Mas no se piensen ustedes
que todo fue bien. ¡qué va!

Nada más salir… ¡qué chasco!:
un accidente (¡qué atasco!)
y han cortado la autopista.

La Guardia Civil (¡qué arisca!)
desvían el rodamiento …
¡por carretera local!
Mal asunto, lo presiento.
Esto puede acabar mal.

Soy de ciudad. Yo resisto.
Lo tengo todo previsto
y enchufo mi Google-maps.
Seis horas. Cuatro paradas.
Un par de ruedas pinchadas.
Grúa. Cien euros la broma.
(Dios no aprieta, pero ahoga),
pero al fin pude llegar
sano y salvo, aunque a deshora.

O eso creí, que al parar
me dijo el navegador:
"ha llegado a su destino"
en medio de un melonar.
¡Mierda!, me dije al bajar,
¡dónde coño me has traído?

Un pastor me vio apurado
y se ofreció de buen grado
a enseñarme aquel lugar.
Tranquilo. Yo le acompaño.

Deje aquí el coche aparcado
que atravesando este prado
llegamos sin tardar "na".

Hice caso al personaje.
Cogí, pues, el equipaje
y nos pusimos a andar.

Tras caminar largo rato
entre boñigas y cardos
soportando la zaguera
de mil moscas cojoneras,
le dije a mi acompañante,
cuando miró para atrás,
¿dónde me llevas Faustino?,
¡que eso está en el quinto pino!,
¿falta mucho "pa" llegar?

No, señor, dijo certero.
¿No ve arriba aquel letrero?
Ésa es la casa rural.
¡Por fin!, repliqué jadeando,
¡qué ganas de darme un baño
y tumbarme a descansar!

Pero el tal Murphy no engaña.
Cuando llegué a la cabaña
mi mundo se vino abajo.
¡Vaya! ¿Qué es esto, ¡carajo!?,
¡si más parece un hangar!

No va mal encaminado,
dijo Faustino a mi lado,
aquí siempre hubo un pajar.

Al mal tiempo, buena cara.
Me fui derecho a la cama
sin duchar y sin cenar.
Mañana será otro día,
me convencí derrotado.
Necesito descansar.

Cuando ya estaba en pijama
Empezó a grillar un grillo;
después croaron las ranas,
ulularon los mochuelos,
me picaron los mosquitos
y una jauría de perros
se unieron a la algarada
compitiendo por ladrar…

¡Así no duerme ni Cristo!
(ya me comencé a enfadar).

A las tres de la mañana
me tuve que levantar
para cerrar el pestillo
de la ventana de atrás
que el viento tamborileaba.
Y entonces lo vi muy claro.
Un corzo muy enamorado
que estaba en medio del prado
también empezó a berrear.

¡Esta noche no pego ojo!,
maldije muy enfadado.

Al albur de la alborada
ya no croaban las ranas
ni berreaba el venado,
se calló el perro sarnoso,
y no grillaban los grillos.
Volví a meterme en la cama.
Cerré, agotado, los ojos.

Pero vinieron dos mirlos
a gorjear en la ventana
para joder la marrana
con ganas de molestar.

Ya no pude aguantar más.
Di un portazo de reproche
y me fui a buscar el coche.
¡Yo me vuelvo a la ciudad!

¡Qué burlón es el destino!
Allí estaba el buen Faustino,
con su rebaño en el prado,
en un tocón bien sentado,
comiendo queso y jamón.
Al verme salir pitando
saludó alzando el cayado.
Al devolverle el saludo,
lo hizo con buen disimulo,
pero vi que se río.

Navidad

A las puertas de las Navidades,
ahora que es diciembre,
lo pienso y me epato:
parece una broma.
Ya hace un mes
que nos venden turrones
en los Mercadona.
¡Es un disparate!
Y te adornan con cintas y bolas
los escaparates
en pleno noviembre.
¿Esto quién lo entiende?
Todo está al revés,
todo desbocado,
ya le digo a usted.
¿Por qué no respetan
las fechas marcadas
en el calendario?,
que para algo está.
¿Por qué hay que comprar
con dos meses de antelación
-vaya aberración-
los regalos de los reyes magos?
Esto es un dislate.
Cómo nos engañan.
¡Ay la Navidad!,
¡Cómo está el Belén!

Si el Dios Hijo volviera a nacer,
¿lo haría en España?
Yo pienso que no.
Razonémoslo:

No podría nacer en pesebre,
que ya no hay ninguno,
a lo sumo en alguna chabola
entre gente muy chunga,
que si lo hace en un piso pequeño
vacío y sin dueño
lo tachan de "ocupa".

De pastores que vayan a verlo,
señores, ni hablamos,
que no existen,
que se han extinguido,
que, a lo sumo,
quedará uno solo
en un pueblo perdido
de la Soria pura
y sin cobertura.

¿Y qué estrella sería capaz
de venir desde Oriente?
Si ya no hace falta.
Si ahora la gente
se entera de todo
a través del whatsApp.
Y en caso de duda
está el Google-maps.
Además, que la estrella famosa
sería una locura.
¿Qué creería la gente?
¡Un misil que nos manda Hamás
con muy mala leche!
Y en lugar de adorar al Nacido,
todos a esconderse.

No podrían llegar hasta el Niño
los tres Reyes Magos:
según anda el tema,
a lo sumo quizás se acercase
algún diputado
algo despistado
mostrando su emblema.

Dejémoslo aquí.
Queda demostrado
mi razonamiento
y no hay que abusar
de esta estratagema.
Que es mejor que no cambien las cosas.
¡Irían a peor,
se lo digo yo!
Disfrutemos felices las fiestas,
brindemos contentos
y cantemos algún villancico
según nos propone
nuestra tradición.

HÍZOSE

este libro de poemas
y reflexiones escritas por
Mariano Arranz García
en los estudios de la editorial AACHE
en la ciudad de Guadalajara,
y acabóse de imprimir
el día 23 de abril de 2024,
dedicado a los libros
y sus saberes.

Aut liberi, aut libri